懐かしい阪急沿線にタイムトリップ

1970〜80年代
阪急電車の記録
【上巻】神戸本線・宝塚本線編

諸河 久

山陽電鉄方面行きと直感できる水色入りの特急運行標識板。5244は5200系の最終増備車。
電鉄須磨（現・山陽須磨）〜須磨浦公園　1980.5.2

.....Contents

表紙写真：梅田（現・大阪梅田）行き特急の運用に就く2000系。1960年に登場し、幕板部中央にシールドビームの前照灯、その両サイドに標識灯、ステンレスの幌枠を設けた前面などの車体デザインは、のちの形式にも受け継がれた。梅田方が制御車（Tc）になる。御影〜岡本　1984.4.2

裏表紙写真：梅田（現・大阪梅田）へ向かう神戸線3000系冷房車と京都線の3300系非冷房車。同じ時期に生まれた車両でも、更新でいろいろ変わっていく。今おきている変化を記録すれば、のちにそれらを辿っていく人達にとって貴重な記録となり、楽しみにもなる。十三〜中津　1980.5.17

この当時、平日昼の神戸線特急と宝塚線急行は10分間隔だが、京都線の特急は15分間隔だった。そのため、梅田（現・大阪梅田）の3線同時発車は毎時00分と30分だけで、他は神戸線と宝塚線のみの発車だった。梅田（現・大阪梅田）〜十三　1980.4.29

はじめに

　筆者が「阪急電車」の魅力に接したきっかけは「鉄道模型趣味 特別増刊 私鉄めぐり特集」（1956年・機芸出版社刊）を購読したことに始まる。その表紙を飾ったのが、山口益生氏撮影の710系京都線急行だった。同誌には「京阪神急行電鉄の50年」の表題で阪急電車が特集され、グラフページに踊る歴代車両の雄姿と中尾豊氏の軽妙な記述に、阪急電車を一見したこともない東京の鉄道少年はすっかり魅了されてしまった。

　高校球児のメッカは甲子園であるが、私鉄電車ファンならば「いつかは阪急電車に見参」の志を抱いたわけである。高校に進学して関西探訪旅行が始まると、真っ先に阪急電車にカメラを向けたことはいうまでもない。京都線には新鋭2800系が主力として投入されており、連装窓のシックな造作の車内と転換クロスシートを装備した素晴らしい車両だった。

　関西出版社の雄だった保育社から『カラーブックス 日本の私鉄シリーズ 阪急』の撮りおろし依頼を受けたのは、筆者がフリーになった翌年の1980年だった。阪急ロケのコンセプトとしては、奇を衒わないオーソドックスな技法と、沿線各所の桜に代表される自然美と融和した絵柄が求められた。桜花が爛漫を迎えた神戸線を皮切りに、新緑が美しく映える初夏の千里線までロケーションが続けられた。当時のスタンダードカラーポジフィルムだった「コダック・コダクローム64」は、阪急電車のアイデンティティともいえるマルーン色の描写に威力を発揮した。モータドライブを装填したキヤノンF-1と高性能FDレンズの使用により、千載一遇のシャッターチャンスも記録できた。

　共著者として参画された長年の畏友・高橋正雄氏の尽力により、ファン必見の素晴らしい仕上がりとなった『阪急』が刊行されたのは1980年10月だった。阪急のお膝元である梅田の大型書店の店頭では、発売当初に上位の売上部数を誇った記憶がある。

　あれから40年が経過した今冬、株式会社フォト・パブリッシングから当時のカラーポジ作品を中核にして再編した『阪急電車の記録』を上梓する運びとなった。旺盛な体力に任せて阪急沿線の撮影地を踏破した若き日の作品は、1980年代の阪急電車の魅力を十分にお伝えできることと確信している。いっぽう、筆者が1970年代初頭に撮影情熱を燃やした旧新京阪鉄道の100系（通称P-6）や往時のモノクローム作品も、新たにデジタルリマスターして掲載した。走り去った名車たちのアフターイメージもあわせてお楽しみいただければ幸いである。

2020年 早春

諸河 久

1章
阪急電車 コダクロームの記憶（1）
神戸本線・伊丹線・今津線・甲陽線

電機子チョッパ制御の実用試験車両として1975年に8連1本のみ新造された2200系。高速運転中から停止直前まで回生ブレーキを使えるほか、2000系以来続いた前面デザインを変え、表示幕を採用。標識灯と尾灯は分離され窓下へ移った。塚口〜園田　1980.5.24

アルミの窓枠や両開き扉の採用でイメージを一新。定速度制御を備え、人工頭脳電車「オ　トカー」の愛称が付いた2000系。神戸方が電動車（Mc）となり、写真は新開地行き。中扉の左の窓上には列車種別表示灯が見える。岡本〜御影　*1982.3.31*

競合路線に対抗するため、神戸線は直線基調で建設された。岡本を通過して、数少ないカーブを曲がっていく高速神戸行き特急の3000系。高速運転の神戸線に適するよう、主電動機出力は170kW×4、歯車比は5.31である。岡本〜御影　*1980.4.7*

国鉄（現・JR）三ノ宮駅ホームで眺めた3000系。電車線電圧の600Vから1500Vへの昇圧時に即応できる車両として、1964年から新造された。貫通路の幅は920系から2000系まで幅広だったが、3000系から狭くなって扉も付いた。非冷房時代の姿。
三宮（現・神戸三宮）〜春日野道　1982.5.7

1500V専用改造にともない中間電動車にパンタグラフを集約した3000系梅田（現・大阪梅田）行き特急が、ハイスピードで
園田へ進入する。冷房化されたが、まだ表示幕装置は取り付けられていない。園田界隈は1979年に高架化された。
塚口〜園田　1984.10.18

5000系は神戸線が昇圧を終えた翌年の1968年にデビュー。昇圧後最初の神宝線用1500V専用車として新造された。写真は
梅田（現・大阪梅田）へ向かう特急の最後尾。車内からは、過ぎ去る桜並木が見事なことだろう。御影～岡本　*1980.4.7*

朝の通勤通学時間帯に運行される準急は、神戸線用の8連を用いている。宝塚から今津線の門戸厄神まで各駅に停まり、西宮北口の連絡線を通って本線に入って梅田（現・大阪梅田）へ向かう。5000系の台車はS型ミンデンのFS-369（M）・FS-069（T）。
武庫之荘～塚口　1982.4.1

5100系は5200系に続く量産冷房車として1971年から製造され、下枠交差式パンタグラフを初めて採用。1973年に新造された
5132編成は、前年新造の5300系同様にパンタグラフを2台搭載した。写真のように、まれに外していた時もあったようだ。
御影～岡本　1980.4.7

須磨浦公園の広場では子どもたちがお花見の真最中。そこへ、終着駅間近の5100系特急が新緑の合間から姿を現す。おしゃべりや食事をしつつも視線を向ける子は未来の鉄道ファン。電鉄須磨（現・山陽須磨）〜須磨浦公園　1980.5.2

1970年から神戸線に導入された5200系のトップナンバー編成。5000系をベースに冷房装置を阪急において初めて搭載した新造車だ。10 〜 11ページと同じ光景だが、背後の阪急三宮ビルの駅名看板が微妙に異なる。
三宮（現・神戸三宮）〜春日野道　1980.5.14

屋根肩にアイボリーが入る前、マルーン単色時代の6000系梅田（現・大阪梅田）行き特急。岡本や夙川に停まる今と違い、
当時は三宮（現・神戸三宮）から西宮北口までノンストップだった。芦屋川〜夙川　*1980.4.8*

神戸線の6000系。大型連休初日の土曜日、山陽電鉄直通運転に就く6連の先頭には「阪急ブレーブス」のヘッドマークが、
番号を隠さないサイズで付く。この年、6年ぶり10度目のリーグ優勝を果たし、上田利治監督が宙に舞った。
芦屋川〜岡本　1984.4.28

7000系は2200系での検討を経て、コスト面で有利な回生ブレーキ付き界磁チョッパ制御を採用した車両で、1980年春にデビューした。写真は西宮北口を出て塚口で伊丹線からの乗客などを乗せ、次の十三へ快走中の急行。
塚口〜園田　1980.5.24

国鉄（現・JR）東海道本線から離れていく7000系。この高架線は1936年に当時の終点が上筒井であったものを、西灘から別線
で三宮へ延伸する際に築かれた。西灘を王子公園へ改めたのは1984年6月のこと。春日野道〜王子公園　1985.3.2

休日のひとこま。電車で行楽地へ向かう人もいれば、地元で釣果に期待する人もいる。武庫川橋梁を行く6連はクーラーキセの形状や、梅田寄り先頭車に付く下枠交差式パンタグラフから、番号を見ずとも5100系とわかる。
武庫之荘～西宮北口　1984.5.3

920系は、戦前の1934年から戦後の1948年までの間に56両が新造された。写真の手前2両928編成は2次車に属し、1936年に誕生。
電動車と制御車の2両固定編成で、連結部の貫通路は広幅にして見渡しを良くし、2000系まで受け継がれた。
新伊丹～稲野　*1980.5.1*

今津行きの810系6連が神戸線を横断していき、神戸線ホームには梅田行き2200系8連が停車中。西宮北口では、神戸線と
今津線が交差し、ダイヤモンドクロスの愛称で親しまれた。長編成化や運転保安面から、1984年3月に廃止された。
西宮北口　1980.5.14

梅田（現・大阪梅田）行き急行3000系は、横書きの急行看板から当駅始発だろう。横切る今津行き1200系は、1010系の車体と920系の走行装置類を組み合わせ、1956年に生まれた車両。宝塚線での活躍が中心だったが、神戸線系統の支線でも余生を送った。西宮北口　1980.5.2

小林（おばやし）をあとにして、桜並木を抜ける今津行きの810系。1950年から1954年にかけて新造され、初めは神戸線と京都
線を直通できる複電圧車だった。写真の814編成から600V専用車になり、ゲルリッツ式の台車を初めて採用した。
小林〜仁川　1980.4.8

宝塚大劇場や宝塚ファミリーランド界隈を抜け、武庫川橋梁で朝日を浴びる今津線経由の梅田（現・大阪梅田）行き準急。
2両目と3両目が向き合う部分には、運転台撤去後に設けた小窓が見える。今はカーブ内側の駐車場付近に大劇場がある。
宝塚〜宝塚南口　1980.5.2

920系の流れを受け継ぎ、1949年に建造された半鋼製車で当初700系と称したが、翌年800系に改めた。神宝線の昇圧を控えた
1960年代後半に、車体の鋼製化や前照灯を2灯シールドビームに取り換えるなど、更新改造が施された。
苦楽園口～甲陽園　1980.4.8

６～７頁と同じ2000系が各駅停車の梅田（現・大阪梅田）行きで、岡本へのカーブを行く。後年、3000系と同様に10500kcal/hのRPU-3003冷房装置が各車３台設置された。御影～岡本　*1980.4.7*

2章
阪急電車
コダクロームの記憶（2）
宝塚本線・箕面線

曽根に差し掛かる5100系の梅田行き準急。豊中までの各駅に停まり、次は急カーブの三国に停車。そして十三へ進む。
当時の宝塚線は急行・準急・普通のすべてが8両編成で運転された。岡町〜曽根　1985.1.18

1954年に誕生した高性能車1000系を基に、1956年から宝塚線用に1100系が新造された。写真の1117編成まで2連を量産したのち、1959年の宝塚線5連化と1961年の6連化の際に、先頭車を新造した。高架化される前の景色。岡町〜曽根　*1980.5.1*

前パンタを上げた2100系が宝塚への各駅を辿る。2000系誕生から 2 年経った1962年に、宝塚線用の2100系も新造されるよう
になった。主電動機の出力は2000系の150kWに対して100kW、歯車比は2000系の5.31と比べて2100系は6.07と大きくなってい
る。売布神社～清荒神　*1980.4.8*

雲雀丘花屋敷は雲雀丘と花屋敷を統合する形で1961年に誕生した。その旧花屋敷付近を行く2100系梅田（現・大阪梅田）行き。
周辺は沿線随一の高級住宅街として知られる。梅田寄り先頭車は、2000系と同じく制御車で50台の番号が付く。
雲雀丘花屋敷〜川西能勢口　1980.5.14

3100系は駅間距離が短く、まだ最
高速度の低かった宝塚線に適す
るよう、主電動機の出力は120kW
×4、歯車比は6.07となった。下
り勾配を行く梅田（現・大阪梅田）
行き急行を石橋駅ホームから撮
影。車内では、箕面線への乗り換
え案内を始める頃だろう。
池田〜石橋（現・石橋阪大前）
1985.1.18

地上駅時代の川西能勢口を発車する5100系。5200系での冷房実績を基に、全線で使用可能な量産冷房車として1971年から新造。神宝線と京都線で逆だった床下の空気系と電気系の機器配置が、この5100系で京都線の方式に統一された。
川西能勢口　1980.5.2

当時の宝塚線の急行は梅田を出て十三に停まると、次の石橋から各駅に停まる（現在は豊中から）。梅田（現・大阪梅田）、
十三から宝塚を目指す場合、ダイヤによっては、神戸線特急と今津線を乗り継いだ方が早く着く場合もある。
売布神社〜清荒神　1980.5.14

6100は6000系トップナンバー編成の宝塚寄り先頭車で、この1編成のみアルミ車体となり、6001編成以降は鋼製となった。高架化された現在の川西能勢口は、右奥のカーブ付近にある。川西能勢口〜雲雀丘花屋敷　*1980.5.2*

大阪府と兵庫県を隔てる猪名川を6000系急行が渡っていく。のちにコンクリート製の高架橋に変わって踏切は解消され、川の左に阪神高速道路が建設された。右の五月山には阪急創業者の小林一三翁が眠る。川西能勢口〜池田　1980.5.1

2200系での実用試験から界磁チョッパ方式が有利と判断し、7000系で本格的に採用された。写真の7010編成まで鋼製車体で
新造され、7011編成からアルミ車体になった。山本～雲雀丘花屋敷　1997.7.5

箕面線の石橋(現・石橋阪大前)行き920系。これは34～35ページの920系よりもあとに新造した3次車で、リベットがなくなり、台車はKS-33Lを履く。2灯シールドビームの前照灯に晩年の趣を感じる。桜井　*1980.4.8*

上の写真を下りホームで撮ったあと、隣の石橋から戻ってきた車両を上りのホームで撮影。模型作りのための調査や細部の撮影なら、本線よりもこのような支線の方が適し、折り返し駅と共に対向式ホームの駅が重宝する。桜井～牧落　*1980.4.8*

昭和の時代は沿線に緑が多く残っていた。マルーン色の車体と調和し、阪急の上品さが醸し出される。往時の箕面駅は観桜の名所だったが、伐採されておとなしい景色になった。箕面〜牧落　1980.5.1

終点に着いた5200系特急。降りてホームを歩く人たちの先には1957年にできた須磨浦ロープウェイの駅舎が見える。須磨といえば海を連想しがちだが、ロープウェイや展望台からの眺めを楽しみ、山上遊園で遊ぶのも一興。須磨浦公園　1980.5.2

3章
阪急電車
モノクロームの世界
神戸本線・伊丹線・今津線
甲陽線・宝塚本線・箕面線・神戸高速線

西宮北口を発車して、右の三宮（現・神戸三宮）方面へ進む6000系は6両運転時の先頭車。その後ろに増結用の6000系2連が現れ、左右のHマークが今津線の線路を跨いでいく。自動密着連結器の下で電気・空気回路がつながれている。
西宮北口　1980.5.1

宝塚線用320形に続いて、1936年に 6 両新造された両運転台の全鋼製車380形。戦後、台車や機器類は610系へ転用されて制御車となったものの、のちに再び電装。500形や320形と同様、今津線などの各支線で余生を送った。小林〜仁川　*1966.8.4*

西宮北口発宝塚行きの500形。1938年から宝塚線向けに新造された。380形と性能は同じだが片運転台とし、920系と同じく広幅貫通路を採用した。仁川〜小林　*1966.8.4*

500形は500〜530まで31両が2連で新造された。写真の528と529までは良いとして、最後の530は？となる。その答えは「戦時中だったためコンビの相手は作られないまま終わった」が正解。301や564などの他形式車と組んだ。
仁川〜小林 *1966.8.4*

1953年から610系へ台車や機器類を提供したのは380形と同じだが、500形は奇数車のパンタグラフも撤去した。
仁川～小林　1966.8.4

ダイヤモンドクロスに入る前の今津行き600系。神戸線へ1926年に導入された大型全鋼製車。先頭の602は廃車後に川崎重工兵庫工場で保存されていたが、2010年に阪急電鉄へ里帰りして、登場時の姿に復元された。西宮北口　1969.9.15

前ページの位置から振り返った光景。600系は電動制御車600形と制御車800形のコンビで誕生。1944年に800形は電動車化されて650形へ改番。以後、600形と共に一部車両が制御車化されるなど複雑な変遷をたどって600（Mc）+650（Tc）形に整理改番されている。西宮北口　1969.9.15

今津行きの610系。宝塚線の木造車を置き換えるため、機器を流用して車体を新製した。1953年に登場したトップナンバー編成のみ非貫通の前面になっている。画面左奥に見える森は熊野神社。住宅が立ち並ぶ今も、木々が生い茂る。
小林～仁川　*1966.8.4*

610系といえば、阪急において初めて中間電動車が誕生した形式。車体長は15mで2、3、4連がある。宝塚線の昇圧時も改造されて生き残った。神戸線系の今津線や伊丹線、甲陽線で余生を送り、1976年から順次、能勢電へ転属した。
仁川～小林　*1966.8.4*

晩年の800系は44〜45
ページのカラー写真で
わかるが、神戸線の全盛
期がこちら。カメラ機
材が進歩した現在と違
い、高速で通過する列車
を間近でぶれずに撮る
には、それなりの機材と
コツが必要だった。
塚口　1963.9.3
撮影：篠崎隆一

半鋼製で登場した800系は、805編成から全鋼製の非貫通になり、写真の806編成が最終増備車になった。長編成時代の今はカーブの近くまでホームがあるため、この構図で神戸行きの特急を捉えることは不可能だ。
中津～十三　*1963.9.3*　撮影：篠崎隆一

昔の梅田（現・大阪梅田）駅は、いま阪急グランドビルが建つ辺りにあった。発車すると国鉄の高架線をくぐり、勾配を上って中津へのカーブに入る。神戸高速鉄道が開業するまで三宮（現・神戸三宮）行きではなく神戸行きだった。
梅田（現・大阪梅田）　1963.9.3　撮影：篠崎隆一

箕面線は宝塚線直通の準急が走るいっぽうで、線内折り返し運用には余生を送る車両が充てられる。車両は古豪でも、乗客は働き盛りの世代や学生ばかり。左の降車ホームでは、幼い子供が乗務員室の様子をこっそり見物中。
石橋（現・石橋阪大前）　1980.4.30

1956年生まれの1200系は、新造車の1100系などと比べれば注目される機会は少ない。急増する乗客に対応するため、いわば車両の大型化も図った時期に登場した。写真は箕面線で余生を送った頃の姿。箕面～牧落　*1980.4.30*

甲陽線の始発駅夙川は神戸線と直角の向きに線路が延びる。島式ホームの左側は神戸線との連絡線になっており、急カーブ
とスイッチバックで梅田方向へ入る。したがって、ホーム右側の行き止まりには神戸方の顔が現れる。夙川　*1979.8.29*

920系は2連で新造され、神戸方制御車は梅田方の制御電動車に30を加えた車番となった。この960は930編成2連の神戸方車両として登場。カラーの62〜63ページで採り上げた箕面線933編成と同時期生まれとなり、その神戸線時代の姿。
六甲〜御影　1966.8.4

900系は阪神間特急用に新しく設計され1930年から新造された。150kWの主電動機を装着し、転換クロスシートを備えた二扉車で全鋼製。日立製のパンタグラフが特徴としてあげられる。トップナンバーの900は正雀工場で保管されている。
十三〜中津　1963.9.3　撮影：篠崎隆一

920系の神戸（現・神戸三宮）行き特急が乗客を満載して西宮北口を発車していく。右端には昔の信号扱所が写っており、
退避中の普通列車も920系という旧き佳き神戸線の時代。969〜972はのちに、車体改造によって救援車4050系となった。
西宮北口　*1963.9.3*　撮影：篠崎隆一

2000系は、京都線用の2300系とともに鉄道友の会の第一回「ローレル賞」という輝かしい経歴を持つ。シンプルなデザインの車体と定速制御を採り入れ、台車はアルストム式FS-333（M）・FS-33（T）で始まり、増備途中からミンデンドイツ式FS-345（M）・FS-45（T）を採用。六甲〜御影　*1966.8.4*

神戸線では高性能車1000系ののち、改良を採り入れた1010系を1956年から増備。写真の1018編成3両は、先頭車2両が空気バネ台車FS-320を、中間車1056はKS-62Bを履いている。48〜49ページの宝塚線1100系は1010系と同時に誕生した。
十三〜中津　*1963.9.3*　撮影：篠崎隆一

写真の1030以降、1010系は3扉車で新造されるようになった。前面の窓ガラスが、Hゴムではなく直接支持となったことも特徴。六甲〜御影　*1966.8.4*

阿部美樹志氏が設計した神戸阪急ビルは1936年の高架線完成による三宮乗り入れ以来、街のシンボルとして人々に親しまれた。1995年1月17日未明の阪神淡路大震災によって罹災し、解体の道を辿ることになり、惜しまれつつ姿を消した。
三宮（現・神戸三宮）　1985.10.18

阪急と阪神の車両が出会う高速神戸では上下線とも山側に阪急が入線する。5000系最終増備編成が先頭の須磨浦公園行き特急は阪神の梅田行き特急と顔を並べ、西を目指す。高速神戸　*1980.5.13*

国鉄（現・JR）神戸駅寄りの改札を入り、階段を降りると梅田（現・大阪梅田）行き特急の5000系が停車中。5000系は神戸高速
鉄道が開業して山陽電鉄線と直通運転を始めた1968年生まれの車両だ。次は花隈、そして地上へ出て高架の三宮（現・神戸
三宮）に入る。高速神戸　1980.5.13

須磨浦公園行きの特急。三宮から神戸高速鉄道を走破し、山陽電鉄本線に入った西代から地上に出る。電鉄須磨（現・山陽須磨）からは国鉄（現・JR）や海が見え隠れするようになって、次が終点となる。電鉄須磨（現・山陽須磨）～須磨浦公園　1980.5.2

特急表示ながら、待避構造の六甲を発車する姫路行きは山陽電鉄3000系。阪急電鉄の須磨浦公園乗り入れと共に、山陽電車の車両は御影駅構内の折り返し線を使って、六甲発着の乗り入れ運転を行なっていた。乗入区間内は各駅に停まる。
六甲　1980.5.13

雨が降っていたから沿線の撮影はやめて、駅撮りで済ませた…。1995年の阪神淡路大震災までは、この光景が貴重になるとは思いもしなかった。画面奥が行き止まりで、920系塚口行きの先頭を捉えた状況。伊丹　1980.5.15

ミナト神戸ならではの、モダンな女性がたたずむ三宮ホーム。女性よりも車両に目が行くのが阪急ファン気質。本書で各車を見終え、さて、この車両は何？　クーラーの形状や種別表示灯が見えることから、2000系か3000系だろう。
三宮（現・神戸三宮）　*1980.5.13*

【著者プロフィール】

諸河 久（もろかわ ひさし）

1947年東京都生まれ。日本大学経済学部、東京写真専門学院（現・東京ビジュアルアーツ）卒業。

鉄道雑誌「鉄道ファン」のスタッフを経て、フリーカメラマンに。

「諸河 久フォト・オフィス」を主宰。国内外の鉄道写真を雑誌、単行本に発表。

「鉄道ファン／CANON鉄道写真コンクール」「2020年 小田急ロマンスカーカレンダー」などの審査員を歴任。

公益社団法人・日本写真家協会会員　桜門鉄遊会代表幹事

著書に『カラーブックス　日本の私鉄3　阪急』、『オリエント・エクスプレス』（ともに保育社）、『都電の消えた街』（大正出版）、『総天然色のタイムマシーン』（ネコ・パブリッシング）、『モノクロームの国鉄蒸機　形式写真館』、『モノクロームの東京都電』（ともにイカロス出版）、『モノクロームの私鉄原風景』（交通新聞社）など多数があり、2019年11月にはイカロス出版から『モノクロームの軽便鉄道』を上梓している。

【執筆協力】

大沼一英

【作品提供】

篠崎隆一

【編集協力】

田谷惠一、湯川徹二

【モノクローム作品デジタルデータ作成】

諸河 久

1970～80年代
阪急電車の記録
【上巻】神戸本線・宝塚本線編

2020年3月18日　第1刷発行

著　者……………………諸河 久
発行人……………………高山和彦
発行所……………………株式会社フォト・パブリッシング
　　　　　　　　　　〒161-0032　東京都新宿区中落合2-12-26
　　　　　　　　　　TEL.03-5988-8951　FAX.03-5988-8958
発売元……………………株式会社メディアパル
　　　　　　　　　　〒162-8710　東京都新宿区東五軒町6-24
　　　　　　　　　　TEL.03-5261-1171　FAX.03-3235-4645
デザイン・DTP ………柏倉栄治（装丁・本文とも）
印刷所……………………株式会社シナノパブリッシング

ISBN978-4-8021-3179-7　C0026

本書の内容についてのお問い合わせは、上記の発行元（フォト・パブリッシング）編集部宛ての
Eメール（henshuubu@photo-pub.co.jp）または郵送・ファックスによる書面にてお願いいたします。